AF232171

OBSERVATIONS

PENSÉES

MAXIMES POLITIQUES

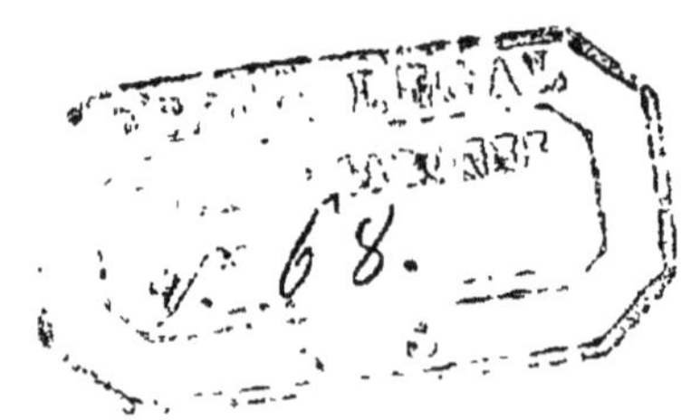

PARIS

E. DENTU, EDITEUR,

Libraire de la Société des Gens de Lettres,

PALAIS-ROYAL, 17 ET 19, GALERIE D'ORLÉANS.

1875

OBSERVATIONS

PENSÉES

MAXIMES POLITIQUES

PARIS

E. DENTU, EDITEUR,

Libraire de la Société des Gens de lettres,

PALAIS-ROYAL, 17 ET 19, GALERIE D'ORLÉANS.

1875

L'homme sage ne s'occupe point de politique : il demeure spectateur des diverses
parties qui se jouent devant lui; mais, comme
il en doit payer les frais, il tâche de les
payer aussi peu cher que possible. Sans s'in-
féoder à aucun parti, il accepte tout ce que
chacun d'eux lui paraît offrir de bon, et il
repousse tout ce qu'il paraît avoir de mauvais.

A Messieurs

De Franclieu,	Buffet.,
Depeyre,	Rouher,
Bocher,	d'Audiffret,
Le duc d'Aumale,	Thiers,
De Broglie,	Gambetta,
Casimir Périer,	Louis Blanc,

Ce livre est dédié.

AVANT-PROPOS

Depuis quinze ans, l'auteur de ce petit livre voit la politique de près ; il eût pu l'aborder comme tant d'autres et descendre dans l'arène. Plus contemplateur qu'homme d'action, il s'est contenté d'observer les lutteurs. De là ce recueil, dans lequel se trouvent consignés ses réflexions, certaines pensées que la politique doit naturellement inspirer à un spectateur désintéressé, certains axiomes qui lui paraissent au-dessus de toute discussion, et quelques maximes que les hommes sages et sans parti pris pourront, il l'espère, admettre comme équitables et vraies.

L'auteur croit devoir dire au lecteur qu'il n'appartient à aucun parti, non qu'il n'ait des préférences, mais il s'est élevé au-dessus de ses propres goûts, afin de mieux juger et ceux qui les partagent et ceux qui en ont de tous différents._Si ce livre n'était point d'une entière bonne foi, quel·intérêt pourrait-il offrir ?

L'auteur ajoute qu'il ne défend ou n'attaque ici aucun système, qu'il se garde bien d'en émettre un nouveau ; car ce ne sont point, d'ailleurs, les systèmes qui manquent en politique.

Ce qu'il a observé, il l'a observé dans le courant de ces quinze dernières années, et, s'il se rencontre dans son ouvrage des réflexions et des maximes applicables à tous les temps et à tous les hommes politiques, c'est que l'homme se retrouve partout semblable à lui-même, et que le temps, les lieux, les circonstances ne le modifient qu'à la surface, mais ne changent ni ses passions ni ses intérêts.

Paul Tayac.

I

DE LA POLITIQUE EN GÉNÉRAL

1

En théorie la politique est une science; dans la pratique elle est un art.

2

En théorie la politique est la science du gouvernement des peuples, dans la pratique elle est l'art de soumettre les hommes et de les faire obéir.

3

Il peut exister cent formes diverses de gouvernement, il n'est cependant qu'une seule espèce de gouvernement : il est personnel.

Mais la Convention nationale, dira-t-on. La Convention subissait la volonté d'un homme ; elle fut toujours dirigée par un orateur, homme d'action.

4

La dévotion conduisait à tout autrefois, aujourd'hui ce qui conduit à tout c'est la politique.

5

Depuis 1789 trente-six millions de français ont le droit de dire comme Louis XIV : — *L'état c'est moi.* La politique qui jadis était le lot de la cour, des prélats, des princes et du parlement est devenue une affaire personnelle pour tous les citoyens. Quant à la religion elle a perdu son empire sur les gouvernements et sur les hommes, après avoir dominé le pouvoir séculier elle est à son tour dominée et protégée par lui, elle n'est donc plus qu'une puissance presque déchue et secondaire et la politique a pris dans la société comme dans les esprits tout l'espace que la religion y a perdu.

6

Quand la foi s'éteint dans les âmes les passions politiques s'y allument.

7

La religion est une sorte de politique morale, la politique est une sorte de religion matérielle.

8

Sans la politique notre siècle serait le plus plat de tous les siècles. Elle seule produit encore quelques caractères et fait faire de grandes choses — quoique souvent d'horribles choses.

9

La bourgeoisie quand elle avait la foi respectait la religion par crainte de l'enfer. Elle ne croit plus et si elle respecte encore la religion, c'est aussi par peur mais par peur du bas peuple.

10

L'homme du peuple athée déteste le clergé, le bourgeois athée aime le clergé. — L'un et l'autre ne voient plus en lui qu'une sorte de gendarmerie morale.

11

Moins une nation croit en Dieu plus elle est obligée d'augmenter le nombre de ses gendarmes.

12

Semez l'athéisme, vous récolterez la révolution.

13

Luther a dit :

« L'humanité est comme un homme ivre à cheval, qui tombe tantôt à droite, tantôt à gauche et qui ne peut longtemps garder le juste milieu. »

14

Les siècles passés penchaient trop vers le despotisme ; par un excès contraire depuis 1789 nous penchons trop vers le libéralisme. Il faut savoir combiner dans une juste mesure l'autorité et la liberté.

15

Chose singulière ! ce sont les fanatiques, les cruels, les intolérants qui se déclarent aujourd'hui les partisans de Voltaire. Pense-t-on que le défenseur de Calas et de Sirven serait avec les assassins de Bonjean, de Lecomte et de Darboy ?

16

A quoi sert à l'humanité que Voltaire ait renversé le fanatisme religieux puisqu'il a fait naître à sa place le fanatisme politique qui est pire et plus cruel que l'autre.

17

Le fanatisme est un désordre de l'esprit et du tempérament qui s'alimente de ce qu'il trouve devant lui. Tel qui eût brûlé un athée au moyen âge, vivant aujourd'hui fusillerait un prêtre.

18

On capte toujours le bas peuple et on le fanatise par des promesses ; quand il est croyant on lui promet les biens de la vie future ; quand il est athée les biens de la vie présente. Dans le premier cas il devient obéissant et souple, dans le second on le rend insoumis, impatient et prompt à la révolte.

19

A l'allure prise par la société française depuis quatre-vingts ans, le problème politique et social n'aura bientôt plus que deux termes : le gendarme et le forçat. Ce sera à qui des deux devra l'emporter.

20

La lave du Vésuve dans les grandes éruptions se glisse quelquefois sous un champ quelle enlève transporte et fait descendre tout entier jusques dans la plaine.

La société française est semblable à ce champ. Depuis 1789 nous glissons sur une pente rapide et cependant des politiques aveugles espèrent fonder quelque chose sur ce terrain brûlant et mobile. Il faut descendre la pente, rouler jusques dans la plaine et peut-être s'engloutir dans l'abîme.

21

Certaines personnes croient ou feignent de croire que notre malaise provient de l'état politique du pays, tandis qu'il a pour cause l'état social. La politique ? question de forme. Ce qui est grave, ce qui est le fonds même de nos maux et la source des révolutions c'est l'état social.

22

Depuis 1789 la société française est lancée sur une pente rapide et longue ; aucune force humaine, aucun effort n'est capable de l'empêcher de rouler jusqu'au bas de cette pente, mais le devoir des hommes politiques est de modérer cette descente afin que nous ne soyons pas tous brisés en chemin.

23

Ce qui cause l'agitation politique et sociale de ce siècle c'est que la révolution française a posé des prémices dont la bourgeoisie n'ose pas tirer les conséquences, tandis que le bas peuple les réclame.

24

Le gouvernement absolu est celui des hautes classes, le gouvernement constitutionnel celui des classes moyennes, le bas peuple considère la République comme son gouvernement. Quel est donc le gouvernement de toutes les classes ?

25

Vaucanson seul eut pu donner au monde un véritable roi constitutionnel.

26

Un roi constitutionnel est un ornement que l'on place au sommet de certains états modernes pour tromper l'œil et pour dissimuler qu'ils sont de véritables républiques.

27

Un véritable souverain constitutionnel est une femme unie morganatiquement à son mari comme une pure formalité, il doit être ; sans énergie, sans volonté , sans esprit , sans pensée, il pourrait presque se passer de parole.

28

Un gouvernement parlementaire peut se passer de gloire, mais non un pouvoir despotique.

29

Le gouvernement parlementaire ne peut satisfaire les grandes ambitions, mais il est très-utile dans un siècle où les ambitieux sont en nombre et où les hommes politiques n'ont cependant ni de grands caractères ni de vastes appétits. En une seule année on peut donner cinq ou six mois de ministère à une vingtaine de ces petits politiques, qui vivront ensuite satisfaits de pouvoir se dire anciens ministres.

30

On peut comparer l'état à une sorte d'omnibus. Sous un gouvernement despotique le cocher conduit ses clients à son gré et non où ils veulent aller ; dans une monarchie constitutionnelle ce n'est pas le cocher qui mène à son gré, il siège et ne gouverne pas ; c'est au gré du conducteur, c'est-à-dire du premier ministre, que marche l'omnibus. Qu'y gagnent ses clients ?

31

Un gouvernement personnel peut seul faire abou-

tir de grands desseins et réaliser de larges conceptions, mais il est plus imprudent que les grandes
assemblées et il se lance plus facilement dans les
entreprises aventureuses.

32

Il faut savoir gré au despote de tout le mal, qu'il
aurait pu nous faire et qu'il nous a épargné autant
que du bien qu'il nous a fait.

33

On aurait beau réunir les idées de sept cents députés; de cette énorme collaboration il ne résulterait
pas l'équivalent d'un Richelieu, ni peut-être même
d'un Sully.

34

Les assemblées parlementaires ont ce désavantage
quelles peuvent être des machines utiles et bien
organisées, mais qu'elles ne sont, en effet, que des
machines privées de pensée, de prévoyance, d'esprit
de suite, ne pouvant concevoir un plan ni le réaliser.
Un homme de génie est une force politique mille
fois plus considérable que celle d'une nombreuse
assemblée.

35

Une grande idée tombant au milieu d'une nombreuse assemblée parlementaire n'y peut être que
diminuée et amoindrie. Chacun des députés n'aura

qu'une préoccupation : retrancher de cette idée tout ce qui lui déplaît, tout ce qu'il ne comprend pas, tout ce qui blesse ses yeux et ne satisfait point sa médiocrité. Plus l'assemblée sera nombreuse, plus la grande idée sera émiéttée, réduite, désagrégée, peut-être n'en restera-t-il rien.

36

En France ce que l'on nomme la République n'a été qu'une sorte de royauté exercée par des dictateurs. Robespierre, Danton, Barras, Bonaparte, Lamartine, Cavaignac, Louis-Napoléon, Gambetta, Thiers voilà nos trois républiques.

37

Les citoyens d'une vraie république mettent le respect de la loi au-dessus du respect des autorités. Les gouvernements monarchiques s'appuient au contraire sur la soumission des citoyens aux représentants du pouvoir et ils rattachent ainsi le peuple au trône par une sorte de hiérarchie naturelle.

38

On 'a rarement mis des philosophes à la tête du pouvoir. Le pouvoir — de nos jours — passe des mains de l'orateur à celles du soldat pour retourner à celles de l'orateur. L'épée veut réparer les maux causés par la langue, et à son tour la langue veut réparer les maux causés par l'épée. Qui donc nous donnera un pouvoir capable de nous préserver et de l'orateur et du soldat, qui donc nous donnera une sorte d'ingénieur politique, calculant les forces et les résistances des hommes comme on calcule celles des métaux ou des pierres ?

39

La machine de l'état est aujourd'hui tellement bien organisée qu'il suffit à un homme de s'en emparer pour être maître absolu du pays. C'est comme une locomotive sur laquelle on monterait après avoir jeté bas le mécanicien. Elle obéit et entraîne tout après elle.

40

La France a copié les constitutions de pays divers dont le tempérament ne ressemble nullement au sien. Elle n'a pas encore inventé la forme de gouvernement appropriée à son propre tempérament. Le parlementarisme convient-il à ce peuple léger, mobile, ardent et peu sage qu'agite le moindre vent, le despotisme convient-il mieux à ce peuple épris de liberté ?

41

On a fait et défait plus de lois depuis la révolution qu'on n'en avait établi et abrogé en vingt siècles. Mais plus on fait de lois plus elles perdent de leur pouvoir et de leur prestige.

42

Les théories politiques sont assez semblables à ces habits confectionnés qui ne vont bien à personne. La politique doit être faite sur mesure.

43

Les réformateurs politiques ne se doutent pas qu'il faut faire les lois pour les hommes et non façonner les hommes pour les lois. De même que le cadre doit être fait pour le tableau et non le tableau pour le cadre. Ces réformateurs ayant élaboré leurs théories dans le silence et la solitude du cabinet sans se préoccuper des hommes songent ensuite à plier le peuple par force pour le faire entrer dans le cadre préparé par eux. Tant pis si le peuple ne s'y prête point. Ils le coupent, le mutilent, le lacèrent impitoyablement afin de lui faire prendre la forme qu'ils désirent.

44

Tous les éléments politiques sont utiles à la nation. Les démocrates socialistes pour faire marcher en avant. — Les conservateurs pour faire stationner — les réactionnaires pour faire retourner vers le passé. C'est au chef du pouvoir qu'il appartient de se servir à propos de ces trois éléments, de modérer leur ardeur et d'aller par eux soit en avant soit en arrière, selon les circonstances.

45

Une nation doit toujours avoir en vue l'avenir, aller en avant ; mais quelquefois c'est aller en avant que de revenir sur ses pas, car on se briserait infailliblement dans une marche trop précipitée. Après une série de réformes, d'innovations et de progrès, il faut combiner ces éléments nouveaux avec les éléments anciens, *se rattacher au passé*.

46

Les finances de notre pays sont si bien réglées depuis Napoléon Ier; la comptabilité, le contrôle sur les recettes et les dépenses sont tellement minutieux qu'on ne saurait escamoter un centime. — On ne peut plus dérober que des millions.

47

On dit avec raison que le secret est l'âme des affaires. Mais combien plus il l'est des affaires d'État. Quelle affaire d'État pourrait se conduire au grand jour ?

48

D'un comploteur à un homme d'État il n'y a souvent d'autre différence que celle que l'on peut faire entre deux joueurs dont l'un est maladroit tandis que l'autre est habile.

49

Quiconque veut conduire le peuple par la persua-
sion où la flatterie lui parle de ses droits, quiconque
veut le conduire ou le maintenir par la force lui parle
de ses devoirs.

50

Dans les États en progrès les citoyens connaissent
mieux leurs devoirs que leurs droits; dans les États
en décadence ils connaissent mieux leurs droits que
leurs devoirs.

51

La philosophie et la politique sont deux sciences
opposées et contraires.

52

Les Français demandent sans cesse un gouvernement modéré et ils ne respectent qu'un gouvernement fort.

53

La France est la nation qui fait le plus de politique et la moins politique des nations.

54

Quand les Français sont victorieux ils s'estiment le
premier des peuples — lorsqu'ils sont vaincus ils se

disent les derniers des hommes. Effet de leur vive imagination qui s'excite et s'abat promptement.

55

En politique il ne faut agir ni trop tôt ni trop tard, mais au jour précis et à l'heure exacte.

56

La politique n'est ni affaire de goûts, ni affaire de sentiments, mais de calcul.

57

Il est une chose qu'il ne faut pas attendre d'un gouvernement — c'est la logique, car tous les gouvernements depuis 1789 vivent d'expédients au jour le jour et ils sont ainsi exposés à de fréquentes contradictions.

58

C'est le propre d'un gouvernement de décadence et de faiblesse de n'avoir pas de principes et de ménager tout le monde : ses amis, les indifférents, ses adversaires et même ses plus mortels ennemis.

59

Loin de s'affaiblir la force du pouvoir s'accroît par la durée de celui-ci. Ce monarque faible qui s'appelait Louis XVI était plus enraciné dans la nation que

ne le fut jamais Napoléon Ier le plus puissant de nos
souverains.

60

Mieux vaut un tyran qu'un monarque faible :
Louis XI a sauvé la France, Louis XVI l'a perdue.

61

En politique le difficile n'est pas de *bien couper*
mais de *savoir recoudre*. Couper ne demande guère
que de l'audace ; l'on ne peut d'ailleurs frapper tous
les jours de grands coups, tandis que tous les jours
il faut arranger les situations, rapprocher les partis,
ménager ses adversaires, rassembler habilement des
pièces et des morceaux dissemblables et disparâtes.

62

Il serait depuis 1789 si facile de s'emparer du
pouvoir suprême et les ambitieux sont en si grand
nombre. D'ou vient donc que les prétendants, que
les coups d'état ne soient pas plus nombreux ? C'est
que l'on manque de caractère. Peu d'hommes sont
assez résolus pour tenter un coup hardi. Le pouvoir
donne le vertige et fait reculer les plus ambitieux.

63

En théorie le droit prime la force. — Dans la
pratique la force prime le droit.

64

Une révolution ne se distingue d'une émeute que
par le succès.

65

L'état intellectuel d'une nation est en raison inverse
de son état moral. Plus l'esprit d'une nation se civi-
lise, plus ses mœurs se corrompent.

66

Le siècle n'est peut être pas très-éloigné où la loi
sera le Dieu, le code pénal l'Évangile, où le juge et
le gendarme seront les pontifes de l'unique religion
qui restera aux hommes.

II

DES HOMMES POLITIQUES

1

Aujourd'hui tous les hommes participent à la politique et on peut les diviser en trois classes :

Les politiques actifs, au pouvoir.

Les politiques militants, qui aspirent au pouvoir.

Les politiques passifs que ceux-ci et ceux-là font voter.

Les premiers et les seconds jouent à leur propre profit, les troisièmes au profit des premiers et des seconds.

2

Il est deux espèces d'hommes politiques actifs :

Les tragédiens.

Les comédiens.

Mais on commence souvent par la comédie et l'on finit par la tragédie.

3

Ce n'est pas le talent oratoire, ce n'est pas le génie, ce n'est pas la vertu, ce n'est pas l'honneur qui fait les hommes d'État, mais le caractère.

4

Qui donc ose se faire fort de nous montrer un homme d'État dépourvu d'ambition ?

5

La politique est ·la véritable carrière des ambitieux.

6

Ah ! si l'on pouvait lire dans le cœur de cet ambitieux ayant aspiré quinze ans au ministère et ministre enfin depuis cinq minutes ! le jeune amant à son premier rendez-vous n'a ni plus d'ivresse ni plus de bonheur que lui.

7

Il est des ambitieux dépourvus de talent et de connaissances, pressés d'arriver à se faire un nom par un éclat quelconque. Ils passent le temps à ferrailler dans des salles d'armes ou à viser le centre d'une cible dans un tir public. Ces sortes de gens ont pris leurs précautions pour tuer ou blesser leurs adversaires sans être atteints eux-mêmes ; ils se sont fait instruire à part pour une botte secrète, ils ont acheté la connaissance d'un coup d'épée particulier et nouveau ; puis exercés à point, ils attendent l'occasion, ils essaient de la faire naître et ces bretteurs politiques se couchent chaque soir avec tristesse en se disant : — Ce n'est pas encore pour demain. Quelle fête le jour, ou un adversaire politique insulté leur envoie ses témoins !

8

L'ambition ne vieillit guère et n'est jamais rassassiée. Tel aspire à franchir un degré dans la hiérarchie du pouvoir, cela seul doit le satisfaire puis il se reposera ; il franchit le degré et loin de se reposer il commence déjà à regarder le degré au-dessus et à rechercher les moyens les plus prompts et les plus sûrs de le franchir. Celui-ci atteint à son tour il cherchera à en franchir un autre et ainsi de suite jusqu'à sa mort — ou à sa chute.

9

Est-il une passion qui vieillisse plus un homme que l'ambition déçue ? Entre la veille et le lendemain de sa chute il semble que vingt ans aient passé sur la tête de cet homme d'État.

10

Que d'amis, que de parents naissent en une nuit au nouveau ministre, a dit La Bruyère.

11

L'homme au pouvoir affecte de parler de ses ennuis et de ses fatigues. Pure coquetterie ou pure hypocrisie !

12

Un homme au pouvoir — a cinq cents amis et cinq cents ennemis. — Il tombe — et il a désormais mille ennemis.

13

Tel souverain ou tel ministre qui en particulier lit assidûment Machiavel et qui apprend la politique dans le livre du *Prince* a grand soin de parler en public de la « révoltante immoralité » du Florentin, tant l'hypocrisie politique est en progrès.

14

« *Tel cuide engueigner aultruy*
« *Qui souvent s'engueigne soi-même.* »
Ce doit être là le sort de presque tous les diplomates.

15

Que diriez-vous d'un salon dans lequel on ne réunirait que des muets, mais des muets ayant, si cela peut-être, l'oreille très-fine afin d'entendre tout ce qui se dira dans la soirée ? Ce salon c'est la diplomatie, ne vous en déplaise.

16

Un diplomate fin est celui qui tout à coup s'avise de dévoiler sa pensée et de dire la vérité.

17

Voir et n'être point vu ; deviner et n'être point deviné ; surprendre sans être surpris ; dissimuler et connaître la vérité, telles sont les bases de la diplomatie.

18

Quand un diplomate fait démentir une nouvelle ce n'est point qu'elle soit fausse, mais c'est qu'il a intérêt à la voir démentie.

19

Le diplomate — quand il le veut — tient à la fois deux langages différends. Il sait avec un art infini dire une chose et persuader le contraire de cette chose. Faire comprendre ce qu'il veut et désire en secret sans le dire en paroles par des mots que l'on puisse entendre, retenir et rapporter contre lui.

20

Quand un homme politique parle ce n'est pas tant à ce qu'il dit qu'il faut se fier qu'à sa manière de parler et même qu'à son silence, il faut savoir écouter ce qu'il omet de dire.

21

Les hommes d'État n'ont point de maximes fixes, leurs maximes sont mobiles et appropriées soit aux hommes soit aux circonstances qui se présentent à eux.

22

L'homme d'État ne parle pas pour faire connaître sa pensée, mais pour persuader qu'il expose ses vues ou son opinion.

23

Les politiques habiles jouent ; les moins habiles se contentent de parier pour ou contre eux.

24

Les orateurs politiques ont toujours à la bouche ces grands mots : le *salut du pays*, le *bien général*, la *prospérité publique*, l'*opinion*, la *morale éternelle*. Ils semblent s'oublier eux-mêmes et ne travailler que pour leurs concitoyens, mais ces mots ne sont que des appâts ou de vaines formules.

25

De quelles petites passions, de quels mesquins intérêts, de quelles choses basses se compose ce que l'on nomme la grande politique !

26

Des gens s'imaginent qu'il est deux politiques la

grande et la petite. La politique est toujours petite c'est-à-dire relative à un homme, à son intérêt personnel, et elle se sert de moyens obscurs, infimes, marchant en des voies tortueuses, usant de ruses, de mensonges, d'appâts trompeurs, de roueries. L'homme qui, selon le public, fait de la grande politique recouvre ces pauvretés d'un manteau brillant sur lequel de grands mots sont inscrits : *Liberté des peuples ! propagation des idées, progrès, nationalités, pangermanisme, panslavisme, civilisation,* etc...

27

La plupart des politiques éprouvent le plus grand mépris pour les théories, pour les idées générales, pour les systèmes et les larges conceptions. Il s'agit bien de cela en vérité dans la politique. Serai-je ministre ou ne le serai-je pas ? Voilà leur préoccupation.

28

Deux mobiles principaux dirigent les hommes d'État : le soin de leur gloire et celui de leur intérêt. Le premier de ces mobiles leur inspire quelquefois des actes nobles, heureux, justes, utiles le second ne leur fait commettre que des bassesses.

29

La politique est toujours personnelle. C'est une

partie. Or pouvez-vous supposer une partie sans joueurs et des joueurs sans gagnant ni perdant.

30

La passion divise les gouvernés — c'est l'intérêt qui divise les gouvernants.

31

On n'a point d'amis politiques. On a des associés — ou des complices.

32

Il n'est pas un homme d'Etat qui ne soit comme jaloux de ses amis politiques et qui veuille les absoudre s'ils viennent à le trahir, et cependant il n'est pas un homme d'État disposé à pardonner à un homme politique de demeurer fidèle à celui qu'il remplace après l'avoir renversé du pouvoir. L'homme d'État aime que l'on soit fidèle à lui-même et infièle à ses adversaires ou à son prédécesseur.

33

L'ingratitude est un élément de la politique. Tel onne le pouvoir ou contribue à le donner à un autre ui est chassé par celui-ci.

34

L'homme politique supprime en lui l'esprit, le entiment, la raison ; c'est toujours par calcul qu'il git.

35

Un homme d'État habile et qui veut être bien servi compromet ses amis politiques.

36

.Les hommes politiques ont souvent besoin de gens qui s'avancent plus loin qu'eux-mêmes, qui franchissent à un jour donné des limites qu'ils n'osent pas franchir, qui se compromettent enfin à leur place. Ceux-ci jouent toute leur fortune politique,sur ce coup de dé car ils sont largement récompensés si leur aventure tourne bien désavoués et sacrifiés impitoyablement si elle tourne mal.

37

Celui qui ne sait point tendre la main à l'adversaire qu'il abhorre ou qu'il méprise et s'allier au besoin avec lui pour écraser un ennemi qui leur est commun; celui-là, dis-je, n'est pas un homme politique.

38

Celui qui n'ose point persécuter un adversaire qu'il estime n'est pas un homme d'État.

39

Entre la justice et un intérêt personnel ou gouvernemental combien d'hommes politiques choisiront la justice ?

40

Les vices et les défauts de la vie privée sont presque toujours les qualités de la vie politique. De même les vertus et les qualités de la vie privée sont les défauts de la vie politique.

En politique la ruse se nomme finesse, la dissimulation s'appelle prudence, la tromperie et l'astuce se disent habileté ; par contre la franchise prend le nom de naïveté, la droiture celui de duperie, etc.

41

Un homme d'État qui a des principes est bien gêné par eux.

42

Un homme vertueux ne peut-être qu'un médiocre politique.

43

La droiture, la probité, la franchise, la fidélité, la constance, l'observation de la foi jurée, l'honneur sont des qualités bien dangereuses pour la carrière de l'homme d'État chez qui elles se rencontrent.

44

L'instrument qui serait le plus utile à la plupart des hommes politiques serait une bonne girouette leur indiquant chaque jour la direction du vent.

45

L'homme politique ne ménage pas seulement la chèvre et le chou, mais encore le propriétaire de la chèvre et le propriétaire du chou, et aussi celui qui convoite la chèvre et celui qui convoite le chou.

46

Rien n'est plus vite usé que la finesse ; dès qu'un homme passe pour fin il éveille les défiances ; on l'étudie de près et toute sa politique bientôt connue ne peut plus tromper que les niais.

47

Le paysan accorde beaucoup de grandeur, d'invention, de génie aux politiques en vue. Il ne pense point que la politique à Paris ne diffère pas sensiblement de celle du village et que les finesses du paysan sont assez semblables aux finesses du ministre ou du député.

48

L'homme politique est comme l'avocat qui à chaque procès nouveau plaide ce qu'il croit devoir lui faire gagner son procès sans se préoccuper de ce qu'il a dit la veille ou l'avant-veille dans une affaire opposée. En un mot il parle pour et contre la même question à quelques heures ou à quelques jours d'intervalle ; il plaide l'argument propre à la circonstance — sans se préoccuper des principes.

49

En ces temps de parlementarisme les avocats sont devenus indispensables au pouvoir, car la politique se compose d'une foule de petits procès qui se renouvellent chaque jour et qu'il faut plaider et gagner aux yeux et aux oreilles du public.

50

En France on disserte plus qu'on n'agit en politique de là l'importance des avocats.

51

Plus un pouvoir est fort moins les avocats politiques font fortune.

52

En France le canon parle en vain. L'avocat politique trouve le moyen de parler plus haut et plus longtemps que lui. C'est lui qui place le dernier mot.

53

Certains politiques habiles se gardent bien de se mêler aux révolutions, de faire des barricades ou d'en ordonner, de renverser le pouvoir ou de donner la main aux prétendants.

Ils laissent les autres se battre, les révolutions s'accomplir, ils observent les joueurs de ces terribles parties.

Quand elles sont gagnées ils surviennent et s'emparent des enjeux. Les ennuis et les pertes sont pour les autres, les faveurs, les plaisirs et les gains sont pour eux.

54

On se demande à quoi bon tous ces discours prononcés à la Chambre devant quelques centaines de députés que l'orateur ne convertit jamais, la majorité étant toute formée d'avance ainsi que la minorité, et toutes les voix pour ou contre comptées. Que ne vote-t-on dès le seuil de la salle et avant même de s'asseoir ? On écouterait les discours ensuite si l'on voulait et pour passer le temps.

55

Le sort des nations ne dépend pas encore des lois ni même des empereurs et des souverains, c'est la diplomatie qui dispose de nous. La vie de cinq cent mille soldats tient au plus ou au moins de finesse d'un vieux diplomate impotent, comme le sort d'un procès tient souvent non à la bonne cause du client, mais à l'habileté de son avocat.

56

Les fautes de l'homme d'État coûtent cher à la nation, mais non à lui-même.

57

Les bons politiques ne font rien indifféremment Toutes leurs actions tendent à un but défini.

58

Plus un homme politique se ravale plus vite il s'élève.

59

Plus un homme politique est bas envers le pouvoir plus il est hautain envers ses inférieurs et le public.

60

Les politiques en général n'aiment pas que l'on voie dans leur jeu, soit que l'on parie contr'eux soit même que l'on ne soit qu'un simple spectateur.

61

La Cour était autrefois une sorte de Bourse aux places et aux faveurs. Cette Bourse se tient aujourd'hui au parlement.

62

Un homme au pouvoir peut-être odieux sans se perdre. Mais il est perdu s'il devient ridicule.

63

Plus un homme a été flatté tandis qu'il était au pouvoir, plus il est vilipendé quand il tombe.

64

Singulier usage parlementaire que celui qui consiste a dire à un orateur insultant un député : —

Retirez votre injure. Une injure ne peut pas plus se retirer qu'un soufflet.

65

Que dirait-on d'un tribunal dont le président, les juges, les avocats, les avoués, les clients se dresseraient sur leurs siéges, iraient d'une place à l'autre, causeraient à haute voix, clabauderaient pendant que l'avocat et le ministère public porteraient la parole. Quel scandale ! et cependant le tribunal ne s'occupe dans une affaire que du sort d'un ou de deux clients et il ne fait qu'appliquer une loi qui a été élaborée, elle, au milieu du tumulte, des vociférations, des cris de six ou sept cents députés.

66

Plus une situation politique est élevée plus elle rapetisse celui qui l'occupe sans en être digne. C'est un piédestal trop haut pour sa courte taille.

67

La violence et l'impatience sont deux défauts anti-politiques.

68

L'éther lui-même ne se volatilise pas plus promptement que les promesses d'un ministre.

69

Le député ne vote ni pour ni contre une question,

ni pour ni contre une loi, mais pour ou contre le gouvernement.

70

L'homme politique soigne sa réputation et il fait proclamer l'excellence de ses actes et de ses vues comme un marchand fait — à beaux louis comptant — soigner sa réputation dans les journaux et proclamer l'excellence de ses drogues.

71

Il est des gens qui chaque matin vont remplir les anti-chambres des hommes politiques et mendier les nouvelles. Loin de se facher contre ces importuns les hommes d'État leur ouvrent les portes dérobées et leur confient tous les secrets qu'ils ont intérêt a rendre publics. — ne demandant en retour qu'un seul service à ces reporters c'est de soigner la réputation de leur bienfaiteur. Mais quel est ici le plus obligé des deux, celui qui donne ou celui qui reçoit.

72

Il est des gens mercantiles qui ne considérent en tout ici bas que la valeur vénale des hommes et des choses. Si le hazard a jeté ces gens dans la politique au lieu de les lancer dans le commerce ou la banque, ils y trafiquent de tout ; ils y vendent leur influence, leur voix, leur talent, leurs amis, ils y vendraient leur conscience s'ils en avaient une.

III

DES PARTIS

1

Il existe en France une douzaine de partis politiques. Quand l'un d'eux arrive au pouvoir les onze autres forment immédiatement l'opposition. Or, comme ces partis sont à peu près égaux en force il en résulte que quelque soit celui qui triomphe il a toujours contre lui les onze douzième des gens qui s'occupent de politique — d'une manière active ou militante.

2

— Ah ! qu'il serait facile de s'entendre si chacun voulait sacrifier son opinion au bien public.

— Sans doute, répondent les douze voix de nos douze partis politiques.

— Est-on disposé à faire ce sacrifice ?

— Qui n'y serait disposé — disent les douze voix.

— Eh ! bien vous, bonapartiste, sacrifiez-vous votre opinion ?

— Ah ! certes point mon opinion est la meilleure.

— Eh ! bien vous orléaniste ?

— Non pas. Mon opinion est la seule raisonnable.

Et ainsi de suite des dix autres partis.

3

Le bonhomme a écrit :

> Le sage dit selon le temps
>
> Vive le roi, vive la ligue.

Quelle quantité de sages on pourrait compter aujourd'hui parmi les politiques actifs.

4

En politique nous appelons homme honorable celui qui fait paraître les mêmes opinions que nous et malhonnête homme celui qui professe des opinions contraires aux notres.

5

Hors de mon parti pas de salut pour la France ! c'est la devise de tous les partis.

6

Le républicain français est un royaliste qui courtise la populace comme il eût courtisé Louis XIV à

Versailles s'il eût vécu pendant le 17° siècle.

Ne croyez point qu'il fasse entendre de dures paroles à cette populace ni qu'il lui donne de salutaires avis, ni des conseils difficiles à suivre, ni qu'il le porte à la vertu, ni qu'il blâme ses vices. Bien loin de là ; il s'applique à ne flatter que ses goûts et ses passions, qu'à lui présenter son image embellie, qu'à souscrire à toute ses fantaisies, qu'à se prosterner humblement devant cette majesté aujourd'hui si puissante.

7

Les partis ont grand tort d'ouvrir les bras aux transfuges des partis adverses. Que peut-on espérer d'un traître ?

8

Quand un parti est trop fort pour être écrasé par le pouvoir, celui-ci recherche l'appui de ce parti redoutable.

9

Craindre un adversaire politique c'est déjà méditer sa ruine.

10

Impartialité — mot qui sert beaucoup dans la théorie politique. Une chose qui ne sert jamais dans la pratique.

11

Entre partis la politique est une guerre ayant sa stratégie, sa tactique et dans laquelle le vainqueur rançonne sans merci le vaincu en s'emparant de toutes ses places et de tous ses avantages.

12

On appelle homme indépendant celui qui ne s'est pas donné au pouvoir — quoique presque toujours il dépende étroitement d'un parti.

13

Par ce temps de factions et de mobilité politique le pouvoir est obligé de ménager les partis. C'est une tâche délicate, horriblement difficile et minutieuse. Il faut leur mesurer la faveur et les disgrâces avec une égalité parfaite, avec une précision de chimiste pesant les agents les plus subtils ou bien il faut contenir les partis d'une main implacable et les frapper du bâton au moindre écart.

IV

DE L'OPINION PUBLIQUE ET DES OPINIONS
PARTICULIÈRES

1

Qu'est-ce que l'opinion publique ? Existe-t-il même une opinion publique?

2

Ce que l'on est convenu d'appeler opinion publique est quelque chose de mobile et de changeant et ceux qui se vantent d'avoir pour eux l'opinion sont tout aussi sages que ceux qui se vanteraient d'avoir pour eux le temps.

3

On parle toujours de l'opinion du pays. Le pays pris en masse n'a pas d'opinion. Trente millions de français sont toujours prêts à accepter quelque gouvernement que ce soit pourvu qu'il maintienne un certain ordre.

4

L'opinion politique d'un homme ne dépend presque toujours que de sa situation sociale. Tel conservateur devient démagogue en se ruinant, tel démagogue devient conservateur en faisant fortune.

5

L'humeur ou le tempérament décident souvent de l'opinion d'un homme. L'envie, la jalousie, la bile, l'humeur noire, l'esprit de contradiction rendent beaucoup de gens républicains.

6

Voici l'échelle des opinions françaises :

1 Légitimiste pur.
2 Légitimiste libéral.
3 Royaliste constitutionnel (orléaniste).
4 Bonapartiste ou césariste démocrate.
5 Bonapartiste libéral.
6 Républicain constitutionnel.
7 Républicain autoritaire.
8 Républicain radical.
9 Républicain conventionnel ou jacobin.
10 Républicain socialiste.
11 Républicain communiste.

Chacun des hommes appartenant à l'une de ces onze opinions traite celui qui est immédiatement au-dessus de lui sur l'échelle et à plus forte raison tous les autres de réactionnaire, et celui qui est immédiatement au-dessous et à plus forte raison tous les autres — d'homme avancé.

7

Un grand nombre d'hommes à successivement parcouru toute l'échelle des opinions tombant du légitimisme pur jusqu'au républicanisme communiste.

8

Les hommes hardis ont quelquefois parcouru l'échelle des opinions de haut en bas et de bas en haut montant et descendant à leur gré plusieurs fois comme Talleyrand et quelques membres des états généraux devenus tour à tour royalistes, républicains, conventionnels, thermidoriens, bonapartistes, impérialistes, royalistes de nouveau avec Louis XVIII.

9

Que diriez-vous d'un homme qui apercevant cinq ou six volumes de couleur différente sur une table dirait après les avoir tenus dans les mains durant une minute mon opinion est en faveur de ce volume vert, c'est le meilleur de ceux qui sont là. Ce que l'on nomme l'opinion politique chez la plupart des hommes est un jugement aussi profond, aussi sérieux que le serait celui-là.

10

L'opinion de l'ouvrier des champs vaut mieux que celle de l'ouvrier des villes. L'ouvrier des champs écoute en effet la voix de son intérêt ou de ce qu'il croit être son intérêt, l'ouvrier des villes n'obéit qu'à ses passions, à ses préjugés, à sa vanité.

11

Tel pessimiste au potage est optimiste au dessert. Aussi les grands politiques ont-ils soin de se pourvoir d'excellents cuisiniers. Carême était chez Talleyrand.

12

Le bas peuple n'aime que les opinions tranchées et caractéristiques. Les nuances, les opinions conciliatrices, la modération il les dédaigne, il les rejette. L'ordre voilà ce que veut une partie du peuple, le désordre voilà ce que veut l'autre.

13

Faire arroser de pétrole un monument, ordonner de le mettre en flammes, cela s'appelle en notre temps et dans la langue de certaines gens *affirmer une opinion politique*.

14

L'opinion de cent mille hommes médiocres ne saurait entrer en balance avec celle d'un homme de génie.

15

Beaucoup de gens pensent avoir une opinion qui n'ont qu'un intérêt.

16

Beaucoup de gens croient avoir une opinion qui n'ont qu'une passion.

17

Beaucoup de gens croient avoir une opinion qui n'ont que des rancunes.

18

Beaucoup de gens croient avoir une opinion qui n'ont que des préjugés.

19

Beaucoup de gens croient avoir une opinion qui n'en ont pas, n'ayant pas assez d'instruction pour s'en former une.

20

L'opinion politique ne peut être qu'une approbation, qu'une préférence donnée à un système étendu après des études vastes et profondes. Après des comparaisons bien faites, tout préjugé, tout intérêt, toute rancune, toute passion mis à part. Donc peu de français ont une opinion politique.

21

Un roturier homme d'esprit et sceptique auquel on demandait son opinion politique répondit :

— Je suis légitimiste.

— Pourquoi ? lui dit quelqu'un surpris.

— Parce que Henri V est le monarque que nous risquons le moins d'avoir, ainsi je pourrai lui garder ma foi entière, car je ne cours pas le risque d'une désillusion.

22

Dans la bourgeoisie d'ordinaire on est républicain de seize à vingt ans, libéral jusqu'à quarante autoritaire ensuite. Ce sont là des opinions de tempérament, d'âge, de chaleur du sang en un mot de position et non de raison.

V

DE L'OPPOSITION

1

La France compte une douzaine de partis politiques — l'opposition se compose des onze partis qui ne sont pas au pouvoir.

2

L'opposition la plus faible et la plus divisée sait toujours se réunir, se galvaniser, et devenir forte quand il s'agit de battre en brèche le pouvoir.

3

L'opposition est un feu qui brûle — mais qui n'éclaire pas.

4

Il n'existe que deux tactiques celle du pouvoir et

celle de l'opposition. L'homme de l'opposition blâme toutes les pratiques du pouvoir qu'il combat ; devenu homme du gouvernement à son tour il adopte le système qu'il combattait et de son côté l'homme du gouvernement tombé, devenu membre de l'opposition attaque tout ce qu'il a défendu jadis et pratiqué.

5

En France il n'existe pas de nuances dans l'approbation ou la désapprobation donnée au gouvernement ; on doit être tout à lui ou tout à l'opposition. Un opposant qui ose dire : *le chef du pouvoir parait bien portant ce matin* ; est un audacieux qui commence à faire douter de la solidité de son opposition.

6

C'est dans les journaux que l'opposition se sème, dans les cafés qu'elle se façonne, dans les clubs qu'elle fermente, dans les rues qu'elle éclate.

7

L'opposition, — en théorie se propose d'éclairer le pouvoir, de l'avertir, de le guider — dans la pratique elle n'a jamais qu'un but : c'est de renverser ce pouvoir pour se substituer à lui.

8

L'opposition c'est la révolte organisée, disciplinée, élevée à la hauteur d'une institution.

9

L'opposition constitutionnelle est celle qui ne tend qu'à renverser les ministres — l'opposition irréconciliable est celle qui plus ambitieuse tend à renverser les ministres, le gouvernement, le chef de l'état.

10

L'énergie et l'audace de l'opposition sont en raison inverse de la force et de la solidité du pouvoir.

11

Les conseils que l'opposition donne au pouvoir sont presque toujours empoisonnés.

12

Si l'opposition peut produire quelque bien en obligeant le pouvoir à se tenir sur ses gardes et à ne rien faire qui donne trop de prise à ses ennemis quel mal ne produit-elle pas en épuisant les forces de tant d'hommes en des luttes stériles, en semant la guerre civile, l'insubordination dans le pays, en obligeant le pouvoir à dépenser tant d'énergie pour veiller à son propre salut !

13

Les théories d'opposition sont des armes offensives entre les mains de l'assaillant dont il se sert pour abattre le pouvoir et qu'il se hâte de rejeter comme inutiles dès que ce pouvoir est dans ses mains.

14

L'opposition ne naît pas spontanément elle a toujours un centre et un créateur.

15

Un pouvoir despotique brise les résistances de l'opposition, un pouvoir fort les paralyse, un pouvoir faible les alimente.

16

Un gouvernement qui ne se défend pas ou qui se défend mal contre ses ennemis paraît nier lui-même sa légitimité.

17

Un gouvernement fort qui perd de vue un seul moment ses ennemis est un gouvernement prêt à se perdre.

18

Quand l'opposition a réussi à rendre un gouvernement impopulaire à Paris, le moindre événement est assez fort pour le renverser; c'est une feuille sèche qui se détache de l'arbre presque d'elle-même.

19

En politique les grandes villes ne sont jamais à la même température que les campagnes. On peut constater quelques degrés de plus dans celles-là que dans celles-ci. Quant à Paris sa température est toujours au plus haut point — un degré de plus et la capitale est toute bouillonnante.

20

A Paris, un trait d'esprit contre le pouvoir est toujours une raison, un argument péremptoire contre ce pouvoir.

21

La société frivole des salons — qui aime les modes nouvelles est toujours disposée à changer de gouvernement. De même elle sacrifierait toujours le gouvernement, même celui qui fait le mieux ses affaires, pour un bon mot ou pour une ridicule épigramme.

22

Il n'est point de niaiserie ni même d'ordure que le parisien ne colporte de salon en salon si elle est dirigée contre le pouvoir. — Cette ordure devrait-elle faire sauter le pouvoir, la maison où elle est débitée et le lecteur avec la maison.

23

Paris ne fait pas de politique — il ne sait faire que des révolutions.

24

Pour un homme de l'opposition le gouvernement a toujours tort.

25

Pour un homme du gouvernement l'opposition est toujours injuste.

26

Pour les tempéraments d'opposition quand même — ils ne sont pas très-rares — le plus mauvais gouvernement est toujours celui que l'on a.

27

L'envie d'obéir est aussi forte dans la masse du peuple (les grandes villes exceptées) que l'envie de gouverner peut l'être chez les hommes au pouvoir.

28

Le chef d'opposition conduit et dirige plus de passions que d'intérêts, le chef du pouvoir plus d'intérêts que de passions.

29

En France on n'admet point les conversions politiques vers le pouvoir, il n'est pas de saint Paul sur ce chemin. Tel qui tourne de l'opposition vers l'autorité est considéré comme vendu. Il devient impopulaire.

30

L'homme qui du pouvoir se tourne vers l'opposition est au contraire, quelque soit son mobile, toujours bien accueilli du public. Du jour au lendemain il devient populaire et nul ne l'accuse de s'être vendu à l'opposition.

31

Certains indépendants n'attendent que la meilleure occasion de se vendre au plus haut prix.

32

Certains indépendants céderaient bien vite au pouvoir si la chose pouvait se faire décemment et sans bruit.

33

Tel qui se donne au pouvoir paraît se vendre tant il y met de maladresse. — Il n'est honnête que dans le fond.

34

Tel qui se vend au pouvoir où à l'opposition paraît se donner tant il y met de bonne grâce, de naturel et même de dignité — il n'est vil qu'au fond de l'âme.

35

Ceux qui crient le plus dans les rangs de l'opposition sont d'ordinaire ceux qui ont la plus grande envie qu'on les fasse taire en leur jetant une place ou de l'argent.

36

Tel brave le pouvoir en public qui l'adule en particulier. Tel insulte le souverain devant la foule qui court au palais baiser avec respect la main de César.

37

Il est des hommes qui demeurent et se disent indépendants faute d'être agréés par le pouvoir ; comme les vieilles filles gardent le célibat non par goût du célibat mais parce qu'il ne se présente aucun épouseur.

38

Certains habiles savent se créer à force de bassesse une position inexpugnable dans les fonctions gouvernementales et reconquérir dès lors par un acte d'indépendance et de trahison envers le pouvoir leur popularité perdue. Ces hommes trahissent des deux mains à droite le gouvernement à gauche l'opposition.

39

Il est des hommes nés pour servir ; quelque soit le gouvernement on les trouve à la disposition de l'autorité ; il en est d'autres d'un caractère acariâtre et revêche toujours dans l'opposition. De naissance ils sont : les premiers officieux, les seconds opposants.

40

Il est des gens qui ne s'adonnent qu'à demi au pouvoir et qui savent demeurer indépendants au milieu même de leur dépendance.

41

En France quand on en veut au garde champêtre de sa commune on est bien près d'en vouloir au chef du gouvernement. L'antipathie ou la colère rejaillira du plus infime fonctionnaire jusques au chef de l'État.

42

Les journalistes d'opposition n'écrivent pas pour convertir le pouvoir, mais pour le tuer ils ne se servent pas d'une plume, mais d'un stylet.

43

Entre un gouvernement médiocre et une opposition abondante en promesses l'homme sage penche toujours vers le gouvernement uniquement parce qu'il est le gouvernement, parce qu'il existe, parce qu'il est le connu et que l'opposition est le néant, le hazard, l'inconnu.

VI

DES DÉMOCRATES — ET DE LA DÉMAGOGIE

1

Il existe deux démocraties : la haute et la basse. La haute qui fait travailler à son profit. — La basse qui travaille pour la première. La haute qui est suzeraine, la basse qui est vassale et presque esclave.

2

L'ouvrier n'est jamais qu'ouvrier, même dans les insurrections, même dans les révolutions. Il *travaille* sur les barricades bien plus qu'ailleurs au profit d'un patron, d'un entrepreneur en désordres publics dont il fera la fortune politique.

3

« *Où la mouche a passé le moucheron demeure.* »

L'ouvrier, le *bas démocrate* meurt sur la barricade préparée par le *haut démocrate*, tandis que celui-ci arrive sain et sauf au pouvoir s'il réussit ou va vivre grassement à l'étranger, s'il échoue.

4

Déshabillez le démagogue vous découvrirez le forçat.

5

Avec une aune de drap je fais un honnête homme disait Cosme de Médicis. Grande vérité ! Si vous voulez la paix sociale morcellez la propriété. Que ne peut-on faire tout le monde propriétaire ne serait-ce que d'une chaumière ou d'un jardin de trente pas de long.

6

C'est en vain qu'un démocrate pense pouvoir s'arrêter sur la pente démocratique. Il ne fermera l'ère des révolutions que lorsqu'il aura fait la société à l'usage des usuriers, des escrocs, des voleurs et des parricides.

7

Le petit peuple de Paris, vaniteux à l'excès et dont les hauts démocrates flattent sans cesse l'amour-propre vote toujours contre le gouvernement, en partie pour se donner le plaisir de lire le lendemain du vote,

dans les journaux faits pour lui cette phrase déri-
soire et redondante : — *Le peuple de Paris vient de
remporter une éclatante et nouvelle victoire !*

8

Depuis 1789 — malgré les promesses de la haute
démocratie — tout ce que l'on a fait en faveur du
bas peuple ne saurait même compenser le prix d'un
sou ou deux par jour que l'ouvrier emploie pour
lire le journal démocratique où sont consignées ces
belles promesses.

9

Rien ne devrait ouvrir les yeux du peuple sur la
fausseté des promesses qui lui sont faites comme le
spectacle de hauts démocrates millionnaires qui
semblent lui promettre la division des biens.

10

Etudiez-vous à faire les lois les plus douces, les
plus raisonnables les plus progressistes, les plus favo-
rables aux vrais intérêts du peuple, vous n'aurez en
rien gagné le cœur du démagogue.

11

La république pour un démagogue c'est l'état sans
prêtres, sans juges, ni gendarmes, ni sergents de
ville, ni gardes-champêtres, ni douaniers.

12

Il est à remarquer que le parti dont les hommes se

disent les plus indépendants de tous les hommes politiques, les plus partisans de la liberté illimitée est cependant celui qui exige le plus d'abaissement et de servitude de la part de ses adhérents.

13

Il est tel démocrate qui a passé plusieurs mois ou même plusieurs années sans réussir à se faire une popularité n'ayant ni l'occasion ni le talent suffisant pour paraître avec éclat. Il songe alors à un moyen qui ne demande qu'un peu de témérité : il insulte grossièrement le pouvoir. On le condamne à quelques mois de prison. Vous le croyez bien malheureux, il se plaint en effet et il se fait plaindre hautement par ses amis politiques, ils écrivent de longues lamentations sur cet homme persécuté; mais lui ne cèderait point ses deux mois de prison quand vous lui donneriez dix mille francs.

Deux mois de prison, pour un démocrate, sont en effet, un capital qui le fera vivre grassement toute sa vie.

14

Ce que l'on nomme le jésuitisme est depuis longtemps dépassé par ce que l'on pourrait appeler le *démocratisme*.

15

Tartuffe aujourd'hui n'est plus dévôt — la dévotion

ne mène plus à rien — il est démocrate et libre-
penseur.

16

Un cœur perverti, une âme sauvage, un esprit
corrompu et à demi civilisé, voilà ce que l'on nomme
un démagogue.

17

Plus un démagogue a l'esprit civilisé plus ses vices
sont redoutables.

18

La démagogie dans son ensemble est la coalition
du crime, des vices, de la sottise et de la folie.

19

Un assassin est moins à redouter que le flatteur
des foules.

20

Si Néron eût vécu en 1793 et qu'il eût fait brûler
des chrétiens royalistes on l'eut surnommé *l'ami du
peuple*.

21

La plèbe démagogique est trop ignorante pour être
athée, elle n'est qu'en révolte contre l'autorité
suprême de Dieu.

22

C'est toujours avec effraction et escalade que les

démagogues, que les révolutionnaires s'emparent du pouvoir.

23

Le succès d'un journal démocratique est toujours en raison inverse de sa modération et de sa politesse

VII

DES CONSERVATEURS

1

Il est deux espèces de conservateurs : les opti-
mistes et les pessimistes. Quelle est la plus ridicule
des deux ? Ou les conservateurs qui après les explo-
sions de 1792, 1848, 1871 se laissent persuader que
leurs têtes et leurs biens ne sont pas en danger ou
ceux qui tremblent de tous leurs membres sans oser
regarder le mal en face et l'enrayer tandis qu'il en est
temps encore ? ou les conservateurs qui font le jeu
de la révolution sociale par leur incroyable mansué-
tude ou ceux qui pouvant encore vaincre la démagogie tremblent et fuient le combat ?

2

Dans les temps troublés beaucoup de conservateurs ne songent plus qu'à leur salut particulier, ils renoncent au salut social ne se doutant pas que leur sûreté particulière dépend précisément de l'effort commun et qu'abandonner la cause publique c'est livrer sa vie et ses biens.

3

La peur est en politique comme en toutes choses une détestable conseillère. Tel homme doux, modéré, paisible peut dans les temps troublés devenir violent, turbulent, cruel et dépasser en excès les plus emportés révolutionnaires tant il aura peur de se perdre, de devenir suspect par sa modération.

4

Une chose rassure le conservateur à travers toutes les tempêtes de la politique. Il pense que le plus jacobin, le plus socialiste des hommes maître du pouvoir, deviendra conservateur. Il compte sans les fous et les fanatiques.

5

Pour certains conservateurs tout homme qui n'est ni propriétaire, ni rentier, ni fonctionnaire public fait partie de la canaille.

6

Pour certains conservateurs, il n'est plus que deux classes dans la société : celle qui possède et celle qui ne possède point. Chacun de ces conservateurs considère celle-ci comme son ennemie, et il est prêt à défendre sa fortune contr'elle, sans vouloir examiner si parmi les réclamations de la classe nécessiteuse il n'en est pas de justes. Que lui importent à lui les questions sociales, les salaires, la situation des prolétaires, la faim du pauvre ouvrier, l'ouvrière sans travail qui meurt sur son grabat ; que lui importe qu'on pleure dans d'affreuses mansardes, il a de l'argent et il veut conserver son argent, tout son argent, comme le mâtin qui porte un os dans sa gueule et qui n'a qu'une préoccupation le garder pour lui, malgré les autres mâtins, si affamés qu'ils soient.

7

Conserver égoïstement, à dit Proudhon, c'est ne rien conserver.

8

Après nous le déluge ! c'est bien le mot d'un égoïste, aussi est-il dans la pensée sinon sur les lèvres d'une classe de conservateurs qui se doute bien qu'une grande catastrophe sociale arrivera, mais qui ne fait rien pour l'adoucir espérant qu'elle n'arrivera qu'après sa mort et qu'elle ne tombera que sur la tête de ses petits-enfants.

9

Ce qui perd les conservateurs, c'est que certain

nombre d'entr'eux oublient que tout droit a pour corollaire un devoir. Ils usent de leurs droits qui sont doux et agréables, mais ils rejettent leurs devoirs parce qu'ils sont pénibles et durs.

10

Par peur, par faiblesse de caractère ou d'esprit on voit des conservateurs faire le jeu des démocrates jamais on n'a vu ceux-ci faire le jeu de ceux-là. Que penser d'hommes qui ont perdu le sentiment du devoir et même celui de leur intérêt ?

11

Un des spectacles les plus curieux de ce siècle est celui que nous donne cette partie de la bourgeoisie qui abhorre et redoute la révolution future et qui pouvant sans doute l'écraser dans son œuf s'amuse à la couver.

12

Le bourgeois de Paris demande tour à tour l'ordre et la liberté. Il demande l'ordre dès qu'il a peur du peuple et la liberté dès qu'il commence à ne plus trembler.

13

L'une des prétentions de la bourgeoisie parisienne est de *donner des leçons au pouvoir*. Elle les donne, ces leçons mais elle en paie les frais.

14

Quand on voit les conservateurs désunis s'attaquer

entr'eux et chercher à s'entre détruire pour quelques misérables questions de partis, de personnes, de compétitions de pouvoir, s'affaiblissant ainsi en face de leurs ennemis communs les révolutionnaires on se figure deux armées ennemies en présence dont l'une serait formée de régiments rivaux qui se poursuivraient et se massacreraient. Quels triomphes en vérité que ceux de ces malheureux régiments! plus ils seraient victorieux plus ils feraient les affaires de l'armée ennemie et plus ils hâteraient leur défaite totale.

15

Les conservateurs sont sans énergie contre l'audace démagogique. Estiment-ils que leur cause est mauvaise ou pensent-ils qu'elle est perdue?

16

On étonnerait bien certains conservateurs en leur disant : — Un jour viendra qui n'est pas très-éloigné sans doute, où l'ouvrier ayant lavé ses mains noircies, sortant de l'usine enfumée, revêtira un habit noir, ira dans le salon de votre arrière-petite fille, sera remarqué pour ses bonnes manières, pour son instruction solide et deviendra son gendre. Ce conservateur hochera la tête avec incrédulité oubliant que sa fille est devenue marquise de X** (un nom célèbre depuis dix siècles) et que si l'on eût dit il y a deux siècles à l'aïeul du marquis de X** que son arrière-petit fils épouserait la fille d'un marchand droguiste, ce noble gentilhomme eût aussi hoché la tête avec incrédulité.

VIII

DE LA NOBLESSE

1

L'honneur, la noblesse, l'illustration d'une famille
sont des capitaux qui rapportent encore de la consi-
dération quoique de jour en jour cet intérêt diminue.

2

L'inégalité des conditions n'existe plus et cependant on peut dire que le peuple semble encore
l'admettre par la déférence qu'il montre pour les
hommes titrés.

3

La noblesse a perdu tous ses priviléges, mais elle
exerce encore une sorte de suprématie morale et
personne n'ose mettre sur le même rang un La Roche-

foucauld, un Montmorency et un Durand ou un Jalabert.

4

L'homme ne cherche à rabaisser les nobles, les grands, les riches, les intelligents que lorsqu'il sent qu'il ne peut être ni noble, ni grand, ni riche, ni intelligent. C'est alors qu'il se proclame démocrate.

5

Quand un démocrate se trouve publiquement en face d'un noble il est grossier, hautain, insolent, lorsqu'il est seul avec ce noble il est obséquieux et bas : les monseigneurs, les altesses ne cessent de sortir de sa bouche. Que ne peut-il se les donner à lui-même ? mais en les donnant à un autre il lui semble qu'il s'ennoblit et qu'il s'élève. Or le démocrate veut une de ces deux choses : ou rabaisser les autres jusques à lui ou s'élever jusqu'à eux, ce qu'en secret il préfère.

6

Le parvenu qui fait l'aristocrate dans les salons de la noblesse n'est que ridicule, le duc qui fait le démocrate et le républicain est ridicule et quelque chose de plus. Le premier montre une ambition toute naturelle qui tend à le faire monter, le second fait voir une ambition contre nature qui le fait descendre de son rang ou bien il paraît obéir à un mouvement

de peur qui contraste avec les sentiments chevale-
resques et cette vaillance que l'on croit encore être
les qualités héréditaires de la noblesse française.

IX

DE LA LIBERTÉ — DE L'ÉGALITÉ — DE LA FRATERNITÉ

1

Il faut aux Français de la gloire et les satisfactions de la vanité, mais ils n'entendent rien à la liberté disait Napoléon Ier.

2

Il existe quelques hommes réellement épris de liberté, mais ce sont de timides amoureux, des amants platoniques qui n'osent rien entreprendre pour posséder leur idole, et qui se bornent à pousser des soupirs.

3

Les ambitieux aiment la liberté, disent-ils. Oui

jusqu'à la violer quand ils le jugent à propos pour réaliser leurs desseins particuliers.

4

Harrington a dit : « le bon ordre dans l'état rend bons les méchants, le désordre pervertit les bons. »

5

La liberté moderne est une chose que les gouvernements accordent en gros et qu'ils reprennent en détail.

6

Ce que le démagogue entend par liberté c'est le pouvoir de tout dire et de tout faire pour lui et les siens et d'écraser ceux qui ne pensent ni n'agissent en démagogues.

7

En France la liberté ressemble beaucoup à la licence et l'ordre au despotisme.

8

L'ordre peut exister sans la liberté, mais la liberté ne saurait exister sans l'ordre.

9

Sous tous les régimes depuis le consulat jusqu'à nos jours une foule de gens ont rempli les journaux de leurs revendications de la liberté, agitant le peuple en appelant au pays avec ce grand mot si sonore. Cependant les citoyens se sont demandé en quoi leur liberté se trouvait gênée : ne votaient-ils pas ! ne faisaient-ils pas leurs affaires privées et publiques politiques et civiles aussi bien que jamais ? Oui sans doute mais il ne s'agissait aussi que de cette espèce de liberté nécessaire à cinq ou six cents ambitieux en France : Liberté d'agiter le peuple, de le réunir, de comploter, d'écrire contre le gouvernement ; liberté, en un mot, de le renverser pour se mettre à sa place.

10

Tout français veut devenir l'égal de ses supérieurs mais demeurer le supérieur de ses inférieurs.

11

Le Républicain démocrate sacrifierait aisément la liberté et la fraternité pourvu qu'il obtint l'égalité.

12

Le libéral ne tient ni à l'égalité ni à la fraternité il ne demande que la liberté.

13

Le démagogue réclame la guillotine et la fraternité.

14

Il y a trop de vanité en France pour que l'égalité y règne jamais sérieusement.

15

Il en est des ducs, comtes, marquis, qui se disen
républicains comme des ducs, comtes, marquis qu
leur talent ou leur goût fait monter sur un théâtr
On est Mario pour le public, et duc de Candia dès
coulisse.

16

Ce n'est pas l'égalité que réclame la populac
démagogique mais bien la prééminence sur les nobl
et les bourgeois.

17

O Fraternité que de sang tu as versé depuis 1793

18

Depuis que l'on a proclamé que les hommes so
frères les guerres civiles sont devenues de plus e
plus terribles et nombreuses; depuis que l'on a pr
clamé la fraternité des peuples les armées sont d
plus en plus considérables, les armes de plus en pl
meurtrières.

19

En politique qui veut faire l'ange fait ordinair
ment la bête féroce.

On n'a que trop vu à l'œuvre ces grands apôtr
de l'humanité, ces amis de l'homme, ces adorateu
de l'Être suprême, proclamant la fraternité unive

selle...... les pieds dans le sang qu'ils venaient de répandre.

20

On commence toujours par proclamer que les hommes sont frères et qu'on veut être leur bienfaiteur et l'on finit par être leur bourreau.

21

— En trois siècles disait un radical l'inquisition a fait périr 83,000 personnes en Espagne.

— La belle affaire répondit un conservateur la République française a fait périr 400,000 personnes en trois ans. Dix fois plus de personnes en dix fois moins de temps. Quel progrès dans la fraternité !

22

Quelle horrible ville serait Paris si le parisien n'était pas l'être le plus léger du monde, oubliant le lendemain lés incendies, les barricades, les assassinats, les fusillades, les massacres de·la veille. Est-il un pavé qui n'ait eu sa tache de sang et qui ne crie haine et vengeance ?

23

Quand un démocrate philanthrope donne un sou à un pauvre, il se croit déjà digne du prix Monthyou.

24

L'homme charitable est philanthrope, mais le philanthrope n'est pas charitable.

25

La philanthropie est une vertu commode. Elle se confine dans les théories humanitaires et démocratiques, mais elle ne daigne pas descendre jusqu'à la pratique de ces théories.

26

Quand un philanthrope-démocrate a parlé ou écrit sur la fraternité il croit avoir fait un acte de fraternité, de philanthropie, une bonne action. A peu près comme cet homme qui pensait peut-être nourrir un mendiant en lui racontant le menu d'un bon dîner.

27

L'amitié que le démocrate affecte pour le peuple n'est guère autre chose qu'une amitié platonique.

'28

Il est des époques ou du moins des circonstances où la conciliation et la modération politiques sont deux duperies. Soyez donc conciliant et modéré envers un brigand qui vous demande la bourse ou la vie ?

29

Il est des gens qui prêchent la fraternité des peuples, la paix universelle et qui trouvent que le patriotisme est quelque chose d'étroit. Oui sans doute les peuples sont frères, mais frères ennemis.

Peut-être un jour consentiront-ils à ne plus s'égorger entr'eux comme ils le font depuis Caïn, mais pour longtemps encore le patriotisme à sa raison d'être et non point l'*humanisme*, car tandis que vous prêchez la fraternité des peuples voici une nation qui vous hait depuis quatre-vingts ans et qui n'a qu'une préoccupation; celle de vous massacrer et de vous détruire.

30

La liberté, l'égalité, la fraternité sont les trois vertus politiques et sociales de notre siècle, mais l'envie, la haine, l'orgueil, l'intolérance, l'égoïsme, la licence, l'insubordination en sont les sept péchés capitaux.

X

DE LA POPULARITÉ

1

Rien n'est plus facile à conquérir que la popularité
on n'a qu'à prononcer devant la foule ou qu'à écrire
pour elle ces deux phrases : « — *Je déteste le gouvernement ! — Le peuple est souverain !* »

2

On commence par entraîner la populace et l'on
finit par être entraîné par elle. Se dire son maître
c'est être déjà son esclave.

3

S'il est aisé de devenir populaire il est encore plus
facile de perdre la popularité et quand on l'a perdue
il est impossible de la retrouver.

4

C'est par des discours que l'on gagne la popularité, c'est par des actes qu'on la perd.

5

Ce n'est point l'homme qui est populaire en politique ce sont ses idées. S'il change la popularité se retire de lui pour se porter sur un autre. Quelques aveugles pensent que c'est eux et leur nom que la foule adore et ils paraissent tout surpris lorsque le peuple les abandonne pour se tourner vers de nouveaux venus qui semblent lui promettre plus qu'il n'avaient promis eux-mêmes pour leur prospérité.

6

Il n'existe souvent d'autre motif de ne plus plaire au peuple que de lui avoir trop plu.

7

Celui qui ose être impopulaire en France est certainement un héros.

8

Le peuple aime ceux qui lui prodiguent les flatteries et les promesses. On peut dire que la popularité est au plus offrant et dernier enchérisseur.

9

Les hommes de l'opposition ne peuvent conserver leur popularité qu'en restant dans les rangs de l'opposition. Dès qu'ils touchent le pouvoir, dès qu'ils font partie du gouvernement ils sont perdus. Le peuple les poursuit de sa haine autant qu'il les accablait de son amitié.

10

Le courage militaire est aussi commun en France que le courage civil y est rare.

11

On brave facilement l'autorité, mais on ose rarement braver la plèbe et la populace.

XI

DU SUFFRAGE UNIVERSEL — DES ÉLECTIONS

1

Avec le suffrage universel les élections ne constituent même pas un jeu d'adresse dans lequel le gain est au plus habile. Le suffrage universel déjoue tous les calculs et trompe toutes les chances, c'est uniquement un jeu de hazard ni plus ni moins que la roulette ou le baccarat.

2

Vous demandez au suffrage universel : qui prends-tu ? cet académicien homme de talent et d'esprit ou ce magister commun, obscur et médiocre ; le premier a rendu service à son pays, le second ne s'est dévoué qu'à lui-même ? le suffrage universel choisit le magister.

3

Lorsqu'un candidat se présente aux électeurs il n'a pas assez d'éloges pour l'intelligence, l'honnêteté, la droiture de ceux-ci. Est-il battu? il n'a pas assez d'injures pour ces mêmes électeurs ils sont corrompus, ignorants, sans intelligence. Pourquoi récriminer? Vous mentiez donc avant ou vous mentez après?

4

Pour un démagogue ou pour un démocrate quand les ouvriers des champs votent contre lui ils ne sont que la *vile tourbe ignorante et abrutie* quand ils votent pour lui il les proclame : *les populations honnêtes, intelligentes et laborieuses.*

5

Il serait possible que l'on obtint d'assez bonnes élections si l'on prenait le candidat qui a obtenu le moins de voix au lieu de celui qui a réuni sur sa tête les plus nombreux suffrages.

6

Le suffrage universel serait admissible si tous les citoyens possédaient au même degré l'intelligence et l'instruction, mais qu'un Troplong, qu'un Berryer qu'un Lamartine n'influent pas sur les élections plus qu'un crétin des Alpes c'est le comble du ridicule.

7

Si le garçon d'écurie qui ne sait pas lire et qui

même ne peut pas comprendre a le droit de déposer un bulletin dans l'urne électorale, combien de milliers de billets un homme de génie devrait-il pouvoir déposer ?

8

Le suffrage universel instruction et intelligence mises d'un côté, bêtise et ignorance mises de l'autre serait assez bien figuré par une bouteille de vin de Bordeaux dont on jetterait le contenu dans le foudre de Heildelberg rempli d'eau jusqu'au bord.

9

On dit que les classes instruites dirigent le suffrage universel. Alors pourquoi l'appelle-t-on universel ? et pourquoi le suffrage universel ?

10

Le suffrage universel est une arme que le peuple ne sait pas manier. Il s'en perce lui-même en voulant tuer son ennemi.

11

Combien de sots faut-il pour faire un public ? a dit le démocrate Champfort.

12

Vous me demandez si le candidat R* a plus de chance que son concurrent J*... quelle est l'opinion de son département, qui des deux sera nommé

député? avant de vous répondre permettez-moi de
vous demander qui de R*... ou de J*... a dépensé le
plus pour son élection.

13

Ce n'est pas pour la Chambre que le député monte
à la tribune, c'est pour ses électeurs. Il ne cherche
pas tant à convaincre ses collègues qu'à produire un
grand effet sur l'esprit de ceux qui l'ont nommé.

14

Le député fait de nombreuses promesses qu'il ne
réalise pas toujours mais non par sa faute. Il promet
de bonne foi que ne met on le trésor public et
tous les emplois à sa disposition? Ils ne suffiraient
pas à satisfaire le plaisir qu'il éprouve à distribuer
des faveurs à tous les français........ de son département.

XII

DES FONCTIONS PUBLIQUES

1

L'État se compose de cinq éléments : le pouvoir législatif, le pouvoir judiciaire, le pouvoir civil, le pouvoir militaire et le pouvoir religieux. Ces cinq éléments sont rivaux, ennemis même ; ils vivent cependant en amis, car ils émargent au même budget.

2

Les magistrats se croient et se disent fort au-dessus des fonctionnaires civils, peut-être parce que ceux-ci sont contraints d'appliquer strictement les lois, tandis que ceux-là peuvent les interpréter.

3

On peut comparer la machine de l'État à une

horloge ; la main qui la monte change de temps en temps, mais les ressorts, les rouages, la machine ne changent jamais et ne vont ni plus vite ni plus lentement.

4

Ce qui fait que les révolutions bouleversent moins qu'on ne le croirait et la France et l'État, c'est que les vrais ministres sont leurs secrétaires généraux, les vrais préfets les chefs de leurs bureaux, les véritables maires les secrétaires de mairie : tous ces secrétaires possèdent à fond le maniement des affaires : ils en connaissent les ressorts, les secrets, tandis que les ministres, les préfets, les maires n'apparaissent aux yeux de ces agents obscurs que comme des intrus auxquels ils s'efforcent tant qu'ils peuvent de voiler tous les mystères administratifs.

5

Il est quelqu'un de plus royaliste que le roi : c'est son ministre, de plus royaliste que le ministre : c'est son préfet, de plus royaliste que ce préfet : c'est le sous-préfet, et ainsi de suite jusqu'au garde champêtre.

6

Quand un ordre émane du souverain, le ministre enchérit sur cet ordre, le préfet enchérit encore, le sous-préfet à son tour ; c'est ainsi que le libéralisme

d'un monarque peut, malgré lui, devenir de la licence
ou sa sévérité se changer en despotisme.

7

Le fonctionnaire qui est honnête homme sert le
pouvoir sans excès, sans zèle et sans bruit ; il garde
sa dignité au sein même de sa dépendance.

8

Plus un fonctionnaire politique aura déployé de
zèle et de dévouement envers un gouvernement, plus
il usera de violence et de persécution contre ses
membres dès que ce gouvernement sera renversé. Il
s'efforcera d'effacer la platitude passée sous la bassesse et la lâcheté présentes, afin de faire oublier au
nouveau pouvoir les services que le fonctionnaire a
rendus à l'ancien.

9

Le zèle est un indice d'infidélité. L'homme zélé
est toujours prêt à se tourner vers le plus fort et à
abandonner le plus faible.

10

Un homme d'esprit, consulté par l'empereur Napoléon III sur la force de son gouvernement, lui
répondit :

« Sire, votre gouvernement est fort, car il résiste
au zèle de vos préfets et de leurs agents. »

11

Le fonctionnaire ne trahit pas le pouvoir auquel il a prêté serment : il le laisse tomber.

12

Un préfet peut réussir par sa seule habileté, mais une préfète aimable aidée d'un excellent cuisinier fait les trois quarts d'un bon préfet.

13

Qu'un homme sans fortune accepte une place de préfet, cela n'est pas convenable ; qu'un homme riche la brigue, c'est moins convenable encore.

14

Quel malheur pour un préfet de se trouver dans un département paisible ! Comment se distinguera-t-il auprès de son ministre ? Il se lève chaque matin en se demandant : Ne verrai-je pas aujourd'hui quelque conflit ou quelques troubles dans la contrée ? Une émeute serait bien utile à mon avancement !

15

Le proverbe : *qui peut le plus peut le moins* est faux en ce qui concerne le gouvernement ; car tel député, tel préfet ne serait pas en état de se faire recevoir surnuméraire dans les contributions.

16

Chose singulière ! de celui qui veut occuper la

moindre fonction dans le rouage énorme et compliqué de l'État on exige des examens, des diplômes des garanties de capacité et de moralité ; on n'en demande point aux hommes qui doivent faire mouvoir cette machine puissante. Il faut être tout au moins bachelier pour occuper un poste infime dans les télégraphes, les contributions, le cadastre ou l'enregistrement ; aucun diplôme, aucun titre, aucun examen n'est demandé à celui qui veut être ambassadeur, préfet, receveur général, ministre ou député.

17

Toute fonction politique est également administrative et la partie administrative est toujours la plus importante. Sauf aux yeux de l'homme qui remplit cette fonction.

18

Les gouvernés disent qu'il existe trop de fonctionnaires en France ; les gouvernants le disent peut-être, mais ils pensent qu'il n'y a pas assez de places à donner.

19

En France, on respecte plus les autorités que l'autorité.

20

Il n'est pas un ministre qui, en prenant possession de son ministère, ne croie qu'il y va demeurer plus longtemps qu'aucun de ses prédécesseurs.

21

Quel tyran oserait condamner un notable jouissant de cent mille francs de rente à faire pendant tout un mois des courses effrayantes, des visites innombrables, à battre la campagne à pied, à cheval, en voiture ; à voir cent fermiers, cent métayers, cent ouvriers, à leur serrer la main et presque à les embrasser, à leur faire des promesses souvent irréalisables, à s'abaisser devant les plus infimes et parfois les plus méprisables des hommes et à payer trois ou quatre mille francs en surplus de cette odieuse corvée ! et ce notable, ce millionnaire, fait tout cela de lui-même pour accoler à son nom un vain titre de conseiller général.

22

Tel fonctionnaire rampe depuis vingt ans et se glisse peu à peu sans donner l'éveil ; il s'achemine, pour ainsi dire, sous les pieds des hauts personnages, évitant les obstacles avec adresse, écartant celui-ci, se dressant sur celui-là : il a été bas, vil, exact, laborieux, tenace, il va être récompensé, la place qu'il ambitionne depuis si longtemps est vacante et à sa portée..... le gouvernement change, et voilà mon homme à terre. Chose étonnante : il avait prévu et calculé ce coup. C'est une partie qu'il jouait depuis vingt ans.

23

En France, chacun veut prendre part au gouvernement; on mêle la politique aux plus humbles fonctions. Aujourd'hui, tout conseiller municipal d'un
village de quatre-vingts feux est un homme d'État.

24

Prêter serment ! Quelle heureuse expression; car,
de nos jours, on ne se donne pas : on se prête au
pouvoir.

IMPRIMERIE BERTUOT, MONTAUBAN